저녁노을이 아름답다

박화자 제2시집

오늘의문학사

저녁노을이 아름답다

| 서시 |

여우 시집가는 날

여우가 호랑이에게 시집가는 날
여우를 짝사랑하던 구름이
흘린 눈물,
눈물이 비가 되어 내렸다지

행복을 빌자 다시
화창해졌다는 설화가 있었다지

오늘도 여우가 시집가나 보다
추적대다 잊으려면
사르락 끊어질 듯 내리는 비
트위스트 추며 내리는 눈

숨바꼭질하듯
해가 깜짝 놀라고
청기 홍기 백기 흑기 온갖 기(旗)가 모두
서쪽으로 사정없이 휘날리더니

이쪽저쪽에서 감청색 연회색 빛깔이
무대 조명처럼 이리저리

마음을 쥐고 흔든다.

이럴 때 옛 어르신들은
'여우가 시집가나 보다' 하셨다지
모시고 있는 하느님의 장난끼를 보며
갑자기, 그 말씀이 그립다.

| 목차 |

서시 ································· 4

1부 봄이 오는 소리

동지(冬至) 팥죽 ························· 13
노년의 삶 ····························· 14
골담초(骨擔草) ························· 16
단비 ································ 17
해품달 ······························· 18
한여름 밤의 보름달 ····················· 19
먼지 모기 ····························· 20
소나기 ······························· 21
장맛비 ······························· 22
마스크 1 ····························· 23
비명 소리 ····························· 24
흙의 비밀 ····························· 25
나의 오라버니 ·························· 26
눈꽃 나무 ····························· 28
손녀와 할머니 ·························· 29
눈 쓸기 ······························ 30
파문(波紋) ···························· 31
봄이 오는 소리 ························· 32

2부 저녁노을이 아름답다

사철나무 ·· 35
지네한테 물려보니 ································ 36
봄비 1 ·· 38
봄비 2 ·· 39
삼단 같은 머리 ······································ 40
가시 던진 별 ·· 41
모란꽃 ·· 42
마음의 깊이 ·· 43
편지 ·· 44
나는 아줌마 ·· 45
11월의 반야사 ·· 46
때늦은 후회 ·· 47
나만의 둘레길 ·· 48
저녁노을이 아름답다 ···························· 50
속 썩은 사과의 울분 ···························· 51
달팽이의 노래 ·· 52
그 님 ·· 53
새심리 ·· 54
커피와 잠 ·· 55
두부하는 날 ·· 56

3부 탈출하고 싶다

흐르는 마음 ·················· 59
작은 설날 ·················· 60
공명지조(共命之鳥) ·················· 62
내리사랑 ·················· 63
너와 나 ·················· 64
수백향 ·················· 65
정월 대보름 ·················· 66
첫눈 ·················· 67
옥중화 ·················· 68
안개 ·················· 70
봉선화 ·················· 71
10월의 한파 ·················· 72
다 알고 있다 ·················· 73
우리 ·················· 74
탈출하고 싶다 ·················· 75
내 안의 성(城) ·················· 76
마스크 2 ·················· 77
친구야 ·················· 78
나비의 속내 ·················· 79
우정 ·················· 80

4부 다시 시작하는 거다

다시 시작하는 거다 ······················· 83
떫고 신맛이 개성 ························· 84
비가 내리다 ································· 85
병(病) 없이 살 수 있는 세상은 … ········ 86
행복한 나들이 ······························ 87
철새는 날아오고 ··························· 88
스트레스 ······································ 90
제비는 떠나가고 ··························· 91
두려움 ··· 92
병아리 ··· 93
닮아간다 ····································· 94
키다리 고드름 ······························ 95
산수(傘壽) ···································· 96
병원에서 만난 사람들 ···················· 97
갑진년(甲辰年) 새해 소망 ··············· 98
복(福) ·· 99
소중한 재산 ································· 100
시작 ·· 101
까치가 와서 울면 ·························· 102
꼬챙이 ··· 103
스킨답서스 ·································· 104

작품 해설_문학평론가 리헌석 ············· 105

저녁노을이 아름답다 ───────────────

1부
봄이 오는 소리

동지(冬至) 팥죽

낮이 가장 짧고 밤이 가장 긴 동지
제주도엔 적설량이 50cm
겨울로 성큼 들어섰다

귀신도 무서워한다는 팥죽을
동짓날 같이 나누고자
텃밭에 콩, 녹두, 팥을 가꾼다

대보름 오곡밥도 거르지 않기 위해

전엔
이월 영동할미 밥, 유두 떡, 가을 떡 등
힘들었지만 뜻깊다

한시름 내려놓고
한가할 때 먹고 쉬라는
배려였을까.

노년의 삶

칠자가 겹치는 기분 좋은 나이
희수(喜壽)
이제부터 시작이다

올 들어
첫 시집을 내었으나
두렵고 떨리기까지 하다

노인 복지관에서
날아가는 시대의 뒷자락이라도 잡으려
영어, 컴퓨터도 배우고
오카리나, 우쿨렐레, 하모니카도 익혀
각종 행사 때 공연도 즐기고
요양원 재능 나눔도 보람 있다
수영도 배워 물 위로 떠다니니
다른 종목도 도전해 보고 싶다

비닐하우스에선
빨간 머리 포도 순이 악수를 청하고
텃밭의 새싹들은
춤추며 까치발을 세운다
청마를 탄 왕자인 소나무, 주목나무, 향나무가

작은 새 꼬리 긴 새와
바람도 놀러와
사랑의 세레나데를 연주한다

내 안의 성(城)에서
시바타 도요 시인처럼 99세에 시집을 내고 싶다
감동을 가득 담은 시를!

골담초(骨擔草)

노란 나비를 안으려다
뾰족한 가시에 혼이 났다

오랜 세월 우물 한켠을 지킨
버선 닮은 꽃 몽우리
벌과 함께 꿀맛에 빠져
옛 맛을 그리며
꽃떡을 쪄 먹었다

뼈 건강 혈액순환에 소중한 약용자원
오래전엔 상비약처럼 심어 두고
떡차(茶) 약으로 사랑을 받았고
분재도 사랑스럽다

긴 수염이 나기 시작한 청보리가
눈 흘기며
수줍게 인사를 한다.

단비

후드득
어둑 바림에 반가운 손님

달구어진 질화로 위로
열기가 후끈
뽀얀 먼지가 튀어 오르고
멈추었던 새싹이
귀를 쫑긋 세운다
물수제비가 발끝을 세우고
발레를 춘다

버선발로 아스팔트로 뛰어나가니
목마른 대지와 산천이
아우성이다
잡초도 좋아라 춤을 추고
환영 만찬이 시작된다

목마름에 적당하게 내리는 단비는
꿀맛이다.

해품달

누구나 가슴에 품은 게 있다
사람이든 사물이든 꿈이든

체온이 조금씩 다르듯
뜨거움의 차이가 있으리
그 열정이 세상을 바꾸고
삶을 따뜻하게 하고
사랑의 꽃을 피운다

누군가를 마음에 담고
흔들리고 있는데
같이 흔들리면 안 되겠지

모든 건 지나간다
그리곤 잊혀질 것이다
지우개로 열심히 지워보라
흔적도 없이

너는 무엇을 품고 있느냐
해를 품은 달이었으면 좋겠다.

한여름 밤의 보름달

잠이 깬 자정(子正)
서쪽 창에 미소 띤 동그란 얼굴
은은한 빛에 끌려
청명하고 편안한
너의 세계로 들어간다

손잡고 기대어 잠든 상사화도
붉게 익어가는 고추도
불룩 임신한 키다리 옥수수도
새들과 깊은 잠에 빠져있고
뚜르르… 치치… 뜨뜨… 풀벌레의 작은 공연이
이 밤의 운치를 더한다

한 발 더 들어간다
아무도 없는 들길을 걷고 또 걷는다
너와 눈 맞추고
흰 구름 조각이 너를 휘감아 흘러가고
시리도록 보아도 지치지 않는 너

이토록 깊은 한여름 밤
난 너와 이 밤을 지새우고 싶다.

먼지 모기

비축된 혈액이 바닥이라는데
오랜 장마와 습한 기후 탓에 많아진
먼지처럼 떠다니는 모기에게 강제 헌혈을 했다
따갑고 가려움이 두드러기처럼 피어나
마마의 흔적을 남기고
수많은 흡혈귀가 까마귀 떼처럼 무리 지어
창끝으로 공격해 온다
날개도 다리도 안 보이고 소리도 없이
추분(秋分)이 지났건만
비뚤어지지 않은 독침(毒針)으로 산란을 위해 피를 빤다
바퀴벌레와 함께
K-Pg 멸종을 버틴 3,500종(種)이나 되는 최악의 살인마다

풀벌레의 합창 소리가 뜸해질 무렵
풀숲으로 철수해
동물과의 피 전쟁을 끝낸다

통상 환경에서
식물의 즙, 꿀, 이슬을 먹으며
잠자리, 사마귀 등 천적의 먹이로 살겠다 한다.

소나기

하굣길은
하얗고 긴 뚝방 길

정오(正午) 불화살이 내리쏟는다
불가마 속을 걸어간다
집으로 간다

갑자기 밤중인가 싶더니
쏴아
물벼락
물에 빠진 새앙쥐로
책가방을 끌어안고 빗속을 걷는다

개울가엔 머슴애들이
발가벗은 채로 달리기를 한다

50년대 뒤돌아본 추억 속에
소나기는 사나웠다.

장맛비

기다리지도
반가워하지도 않는데
체면도 염치도 없이 내리는 비

툭툭 콩 튀듯 부딪치며
흘러내리는 빗방울
하늘에서 누군가
뿌리는 듯 흘리는 듯
햇님은 어디 숨어서 구경하고 있을까

언제쯤 누군가
회색 장막을 걷어낼 수 있을까?

이토록 여러 날 심술처럼
쉼 없이 내리는 비
인내심을 시험하듯 끝이 없다.

마스크 1

코로나 마스크와의 인연도
돌을 넘겨
동장군을 만나니 편안해졌다

찬바람 막아주고
화장 안 해도 괜찮으니 좋고
잔주름 가려주니 고맙다
모른 척 지나칠 수 있어 재미있고
개성 있는 패션도 즐겁다

이젠
눈만 보아도 잘 알 수 있으니
외계인이 아닌
우리로 보인다.

비명 소리

나이 탑이 송곳 같은 날을 세우니
몸 곳곳에서 비명 소리가 날을 세운다

난데없는 칼바람이
무더위로 바뀌고
시큰거려
주저앉으며 휘청댄다
어지럽다고
구들목이 친구 하잔다

아프다! 하면
나도~ 나도~
합창을 한다
모두 결함을 가졌지만
신호를 알아차리면 견딜 수 있고
기대 수명은 까마득하다

못난이 인형처럼
찌그러져 가는 모습이
대견스럽다.

흙의 비밀

겨우내 품었던
비밀스러운 일이
꿈틀거리고

두꺼운 백색이
밝은 녹색에게
작별하며 가고 있다

설매(雪梅)가 몸을 흔들며 기지개 켜고
잡초가 꽃씨를 물고
곳곳에 자리 잡았다

봄이 오고 있다

흙 속에 숨어있는 커다란 비밀
대지(大地)가
큰일을 계획하고 있다.

나의 오라버니
  - 문화원

띠동갑인 오빠와는 닮은 점도 많은데
얼굴 체형 성격 혈액형도 같다
서울로 일찍 유학 가서 나와는
한솥밥 먹을 기회도 없었다

어릴 때
이유 모를 병으로
관심 밖이 된 나는 혼자서
6.25 때 타버린 보리쌀을 고르고 있었다. 늘
어느 날
대학생이 된 오빠가 집에 왔다가
천막에서 공부하는 아이들 속에 넣어주어
학교에 다니게 되었다
중학교 졸업반이 되었을 때
홀연히 나타난 오빠는 상급학교 원서를 넣어주고
입학시험 때도 챙겨주었다
그 후론 쭉
객지에서 살게 되었다

꿈 많은 사춘기 시절
오빠가 보내주는
세계 각국의 그림엽서와

생활상을 읽으면서 설레던 때
우리 오빤
네 명의 동생들 모두에게 꿈을 주고 정을 주었다

거울 속에 오라버님이 웃고 계신다
그런 오라버니 기억만으로도
나는 평생 행복하다.

눈꽃 나무

녹색의 꽃받침 위에
목화송이 같은 눈꽃이 눈부시다
하느님의 선물을
영광으로 품어 안은
상록수의 예술품이다
천지에 펼쳐진
최고의 걸작 산수화를
우린 늘 무료로 감탄한다

화려한 낙엽으로 변신하여
나목(裸木)으로 버티는 재주도 포기한
날씬한 몸매를 가진
녹색의 단벌 신사다

바늘 같은 잎으로
차디찬 인고의 세월을 견디며
푸른 숲으로
벌거벗은 이웃을 감싸주고
다시 만날 날을 기다려준다

녹아 버리기 전에
마술이 끝나기 전에
그들과 동면하고 싶다.

손녀와 할머니

햇볕이 쏟아지는 창문 쪽 탁자에
고교생 손녀와 할머니가 마주앉아
독서 삼매경에 빠져
소설과 시를 읽는다

편안하고 정감 어린 분위기의 두 사람은
육십 년 차이 띠동갑이다
사랑과 신뢰가 방 안 가득이다

해님이 들여다보고
빙그레 웃으며
쓰다듬어 준다.

눈 쓸기

요즘 들어
눈비가 오락가락하더니
밤새 하얗게 요술을 부렸다
쓸면 또 뿌려서 다시 쓸기를 몇 차례
흙이 보일 때까지 쓴다

견공 밥그릇 있는 데까지
닭장까지 우체통 있는 데까지
큰 대문 있는 데까지
밀 정도는 아니지만
얼까 봐 자주 쓸어준다

한파에 조심하라고
계속 문자 오고
TV에선 크고 작은 전 세계 소식을 전해준다
한 나라의 국민임이 든든하고
내 나라 애국자들이 자랑스럽다.

파문(波紋)

여기저기서 쏘아 올리는
날 선 화살

날카로운 파편(破片)이
상처가 되어
과녁이 된
그가 비틀거린다

괴로움의 떨림은
여운을 남기고
날고 싶은 욕망이
비눗방울 되어 피어오른다

순간 일으키는 파문은
칼날보다 무섭다.

봄이 오는 소리

하얀 이불을 뒤집어쓴 보리 싹이
배시시 웃으며 내다본다

잠에서 깬 모란과 상사화도
고개를 쑥 내밀고
땅속에서 겨울을 견딘
여린 마늘이
몸을 떨며 햇님 보러 나왔다
잔설이 남아있는
먼 산의 나목들은
푸른 물을 빨아올리고 있다

남촌에선 매화가
설매가 되고 싶어 부산한데
영하권의 날씨가 심술을 부린다
작년에 이어 올해도
매화 축제는 취소되었다

봄꽃들의 춘정이
코로나19를 녹여 버렸으면 좋겠다
깔끔하게.

2부
저녁노을이 아름답다

사철나무

대문도 없어지고
사철나무 생 울타리가 늘어나고 있다

제주도에서 황해도까지
넓게 분포하는
꽃말이 '변함없다'처럼
항상 푸르름을 간직한
우리나라에 18종 9변종이 있으며
독도 수호목으로 지정되었다
번식력도 뛰어나고
3m 정도의 키로 잘 자란다
붉은 열매는 새들의 양식
둥글고 도톰한 잎 위에
눈이 쌓이면
무궁화 꽃이 핀 것 같다

눈 나라에
하얀 무궁화 꽃밭이어라.

지네한테 물려보니

자정이 지나서 잠을 청하는 순간
따끔 찌르륵 온몸에
강한 통증이 파도친다

오른쪽 손등에서 시작한 듯하다
이상한 새로운 통증이 시작되었나 싶어
손가락이 저려서 낀 두툼한
벙어리장갑을 벗어던지고
손등을 눌러보니
한 군데가 몹시 아프다
아차!
순간
또 다른 곳의 찌르는 듯한 심한 통증
찰나의 공포감에
비실 비틀 옆방에 가서 도움을 청했다
이불을 걷고 장갑을 들추니
미처 피하지 못한 8cm 정도의
지네가 도망친다

놀람과 통증으로 밤을 지새우고
새벽에 아이들이 사 온 약이
딱 맞는 약이 아닌 걸 보니

흔한 일도 대단한 일도 아닌 듯하여 안심이다
아픔보다도 기분이 더 나쁘다
어찌하여 저토록 징그러운
지네한테 공격을 당했는지
주위를 돌아본다

정월 대보름달이
회청색 높은 하늘에서 미소를 보내고
시원한 밤바람이 마음을 어루만져 준다.

봄비 1

봄비가 보슬보슬
살포시
가늘게
지질거리며
소리 없이
가만히 내려앉는다
아무도 몰래 살금살금
뒤꿈치 들고 다가오나?

살얼음도
음지의 언 땅도 쓰다듬고
발가벗은 몸들도 녹여준다
일찍 사랑에 빠진
누군가는 눈을 뜨고
벌써부터 바람난 애들은
화들짝 웃고 있다

해야
바람아 도와줘
봄맞이 가게.

봄비 2

빗소리가 갑자기 거칠어진다
소리치며 세차게 떨어지는 비는
튕기며 방울이 되어
동동 떠내려가 흙탕물로 모여
피난민처럼 아우성이다
작은 새들은 향나무 밑에 모여서 떠들어 대고
비둘기는 밭고랑에서 날개를 들고 샤워 중이다
3.1절 태극기가 젖은 채 소리친다
시방 땅속 깊은 곳까지 녹아서
개구리보다
봄 도령이 먼저 뛰어나오겠다
마치 장맛비 같다
이건 아닌데
분명 봄비인데
아침엔
보드랍게 토닥토닥
까치발로 숨죽이며 실처럼 내리더니!

고요해진 빗소리를 들으며 둘레길을 걷는다
봄은 오고 있다.

삼단 같은 머리

쪽 진 여인의 삼단 같은 머리가 정결하다
긴 흑발을 휘날리며 골인하는
백인 단거리 선수가 매력적이고
빨간 머리 앤처럼
다양한 색깔이 눈부시며
깜찍 발랄한 헵번스타일도 예쁘다

바람에 흔들리는 수양버들처럼
멋진 머리들이 거리를 활보한다
일률적인 단발도 사라지고
머리채 잡고 다투던 아이들도
제사 음식에 구렁이란 말도 옛말이 되었다

DNA검사, 약물복용 검사, 미네랄 검사 등
작은 모발 하나가 결정적 역할을 한다
8만~10만 개나 되는 머리카락이지만
빠져도 다시 날 수 있도록
공(功)을 들여야 하나?

가시 던진 별

수많은 별 중
내가 좋아하는 별 하나 있다

그냥 거기 있어서
항상 그곳에서 빛나서
가슴 벅차다

언젠가
그가 던진 작은 가시에
오랫동안 아팠다

기다림도 배웠다
오래잖아
가시를 빼고 어루만져 주었을 때
그 별은 더욱 빛났다

그로 인해
항상 외롭지 않고
가끔 보여주는 미소
그 별 하나
내 가슴에 반짝인다.

모란꽃

5월이 문을 열면
새벽 온도가 갑자기 10도 이상 오르고
문 닫고 뒷짐지던 나무도 새싹을 돋운다

뜰엔 온통 모란꽃이다
자신만을 봐 달라고
기를 모으며
몽우리도 없이 모두가 꽃송이로

은하에서 내려온 양 살포시 앉은
미인을 상징하고 부귀영화를 염원하는
접시만 한 화왕(花王)
꽃과 잎의 모양과 색깔이
조화로운 균형미에 놀라
살며시 다가가 들여다본다
코티 분 향기에 설레는 마음

시들어가는 작은 꽃 골담초도
벌들이 분주한데

너무나 고귀해서
외로운가 보다.

마음의 깊이

세계에서 가장 깊은
바다 수심이 11,034m인데
그대 마음의 깊이는
얼마나 될까요?

시방 곁을 스쳐 지나가는
가끔 혹은 더러
대화할 기회가 있고 마주치는
이들의 눈 속에
깊이가 보입니다

어쩌다 만나는
그 사람의 속마음도
깊이가 느껴집니다
잔잔한 향기가
감동을 줍니다

자주 그렇게
가슴이 뜨거워지는
살맛 나는 세상이
그리워집니다.

편지
- 차 한잔해요

오랜만에
차 한잔해요
아주 오랜만에

둘이 고교생 되어 자취하던
수곡동 그곳에서
우리 차 한잔해요

60년 시간을 우려낸
세월을 담은 진한 차 한 잔
하실래요?

나는 아줌마

해 질 녘
급하게 버스에 올라
좌석을 향해 가는데
"아줌마, 버스비 내야지요?"
기사님 말씀에
나들이 카드* 찍고 돌아서
씨익 웃어본다

희수가 지난 나이에 웬 횡재야

거울에 비친 모습은
갈 데 없는 노인네,
할머니란 호칭이 익숙한 지 오래다
여러 단계를 거친
지금의 모습
'어르신'이라 불러도
담담하게 거룩해져야지.

* 나들이 카드 : 영동군의 70세 이상 무료 교통카드

11월의 반야사

듬성듬성
곡예 하는 단풍잎은 더욱 곱고
마지막 실오라기를 걸친
나목은 차라리 아름다워
햇살이 어루만지고
바람이 쓰다듬어 줍니다

호랑이*도 외투를 걸치려 합니다
기묘한 바위산이 위용을 드러내고
모습을 드러낸
푸른 솔숲이 어우러져
다른 세상이 펼쳐집니다
심쿵!
새로이 태어납니다

다시 시작입니다.

* 호랑이 : 반야사 뒷산에 돌이 쌓여 된 호랑이 형상

때늦은 후회

그대 말이 듣기 싫어 외면했더니
그 마음 읽을 수 없어
평생 간격을 좁히지 못하고
하나 되지 못했네

진즉
새겨듣고 고쳤으면
행복했을 걸
낙원일 것을

오히려 그를 미워했으니
가시밭길은 당연지사

이제라도
조금씩 노력하면
꽃길 한번 걸으려나….

나만의 둘레길

잠 깬 새벽녘
두통과 어지럼증
종일 방콕 때문인가

마을에 코로나 확진자가 생겨
많은 사람이 자가격리 상태고
소수 인원만 수강 중이던
노인복지관, 장애인 복지관도
겨울방학이 시작되었다
매서운 추위 탓에 집안에 갇히니
마을길은 한산하다

잠깐씩 하는 환기로는
부족한 것 같다
바람 자고
볕 좋은 시간에
나만의 둘레길을 만들어 보자

백호 날, 시냇가 둑방길, 게이트볼장, 새마을길,
김선조 고택 길로 돌아오면
30분 정도 걸릴 것 같다
혼자 명상하며 걸으면 좋고

한집 사는 남친과 추억을 쌓는 것도 괜찮겠지
생각만으로도 기분이 좋아졌다
오늘부터 시작해야지.

저녁노을이 아름답다

주식투자 가상화폐 100억 벌기
몰라도 괜찮다
돈 벌려고 신경 안 써도 되니

없으면 없는 대로
적으면 적은 대로 견디고
들일도 할 수 있는 만큼만 하니
편안한 일상이다

자식 걱정 접어두니 홀가분하고
남녀 벗하니 즐겁다
팔십이면 완전히 노인인 줄 알았는데
여기저기 칠팔십 대가 중심에 있다

직장 생활하던 젊은 날도
활기차고 좋았지만, 모두
벗어버린 지금, 이 시간도 좋다.

속 썩은 사과의 울분

이쁘지도 않은데
벌레만 들락이는데
먹지도 않을 거면서

왜?
부끄럽게 하십니까

주저하지 말고
아까워 말고
따서
버리세요.

달팽이의 노래

자, 떠나자!
비를 맞으며
안테나를 세우고 앞을 보면서

부지런히
천천히 기어서 가자
껍데기는 등에 지고
잎을 먹으며
새 길을 만들면서
여행을 즐기자.

그 님

똑 똑 똑
누구일까
꿈속의 그 님은
어딘가로
누구에게로 달려간다
알 것도 같은 그 길로
알 것도 같은
그들 속에
누군가가 있다
서로가 달려간다
누군가
알 수 없는 그 님에게로
안갯속에서 서로에게 간다
아련하게
빗소리가 부른다
아
빗님이었구나!

새심리
  - 조심동

배목 산이기 매끄네 마우뜰 텃골 도리비 인데골…
새심리(조심동) 주변 전답을 오가며, 물심부름 보리밭 밟기
엄마소 풀 뜯는 동안, 소 풀베기 책 읽기 노래하기
13~4세쯤의 기억이다

산 대추, 묏등의 산딸기도 달콤했고
폭탄으로 움푹 패인 밭들
산속으로 커다란 굴도 여러 개 있었다

지금
그곳은 포도주 저장고가 되었고
용두공원 운동장 힐링타운이 들어섰다

커다란 집은
구운 기왓장이 무겁게 누르고
북향인 넓고 두툼한 마루는 항상 시원했다

어릴 땐 약간 중압감을 느꼈는데
'릴리리 기와집 딸들'이란 추억으로 남았다.

커피와 잠

'잠이 보약이다'
잠은 산삼보다 낫고
빛과 소금이며
삶을 윤택하게 한다

잠 못 드는 이유야 많지만
커피도 그러하여
오래전부터 즐기던 커피를
끊거나 줄이고 취향에 맞춘다

효능도 많지만
두 잔 이상
특히 오후 늦게 마시면
수면의 질에 영향을 미치니

공복을 피해
14:00시 이전에 마셔야겠다.

두부하는 날

가마솥에 장작불이 소리 내며 타고
동이네로 콩 타러 6시 예약
새벽부터 분주하다

큰 통 걸대 홍두깨 자루
간수 두부판 면보 준비하고
갈은 콩 끓여 비지 짜내고
간수 넣어 구름 되면
몽글몽글 순두부
두부판에 가둬 누르면 완성이다

음력 설날, 추석날
1년에 2번 하는 두부
큰 행사다
감동적인 순두부 맛
영양 만점
아이들도 순이네도 왔다

농사지은 콩으로 만들어
같이 먹고 나누는 풍습
언제까지 이어지려나.

3부
탈출하고 싶다

흐르는 마음

아련히 들리는 세레나데
새들의 고요한 피리 소리에
나뭇잎이 커튼을 열고
영혼을 다독이는 화음으로
숲의 향연이 시작된다

계곡의 두런거림과
백조의 우아한 묘기에
다람쥐는 두 손 모으고
별들이 나타나는 불꽃놀이에 맞추어
흘러내리는 폭포수 소리

미소 띤 꽃송이에
나비가 입 맞추고
작은 새의 나들이 준비에
여명이 숨죽인다

사랑의 세레나데가 들려오면
재충전으로 혼란의 치유
꿈의 요정과 나들이 간다.

작은 설날

눈 뜬 새벽 세시
내일이 음력 설인데
10시경 아이들이 오기 전에 할 일이 많아
무엇부터 하나 심란하다

요즈음 심한 두통으로
얼음주머니 얹고
초저녁부터 잠든 듯하다

나박김치 전 부칠 재료 준비, 떡국 꾸미 등
30여 가지 재료 분류하고
다듬고 씻고 썰고 삶고 끓이고 담그고
9시 넘어 목표 달성이다

'명절 지나면 이혼율 높아진다'는 말
이해할 듯하다

즐거운 마음이어야 덜 피곤하다
꼬맹이들도 하얗게 밀가루 묻힌 손으로
힘을 모으니 웃음꽃이 핀다

차례 지낸 후

이것저것 들려 보내니
피곤하지만 보람 있다
오랫동안 건강했으면 좋겠다.

공명지조(共命之鳥)

늘 푸른 나무들이 차려놓은 밥상도
빈 그릇뿐
새들이 나뭇가지에 앉아 흘금거리며 바라본다

2월이 되니
빈 들녘의 낟알도 줄었을 테고
추위에 벌레도 보이지 않고
개밥을 엿보기에
먹이를 주니
앞다투어 부산하다

얼른 비켜주지 않으면
앞에 있는 친구의 꼬리를 잡아당긴다

모두
존재 이유가 있듯
공명 지조이다.

* 공명지조 : 공동 운명체라는 뜻

내리사랑

형은 부모님은 어른들은 왜 저럴까
내 마음도 모르면서
'나는 이다음에 잘 해야지'
그러면서 자란다

불만을 가슴에 담고
그때가 되어보니
비슷하게 별 수 없지만
조금은 알 것 같다

모두가 그러하듯
아는 만큼이라도 최선을 다한 다음
몰라줘도 어쩔 수 없지

조금씩이라도 세상을 변화시킬 수 있음은
모두의 사랑일 테니.

너와 나

언젠가 네가
내 시를 읽을 수도 있기에
네 입가에 미소를 그려주려고,
기쁨을 주고 싶어서
어떻게 하면 즐거워할까
늘 그런 생각을 한다

네 기쁨이
나를 더욱 행복하게 하니까.

수백향

누구나
타고난 성품대로
운명에 이끌리어 살아간다
우연이 필연이 되면서
제 것이 아닌 것을 잡으려면
몸부림으로 끝날 뿐
태자와 수백향 공주와의 운명적인 사랑
직무공과 설화의 어긋난 인연
혈연의 끈끈한 정이
직무가 친아들임을 토설하고
그리던 딸 수백향을 만나는 무령왕
수백향 공주가 백제를 구하고
수백향 꽃이 피면
나라에 평안이 오고
온 가정이 화목해지며
헤어졌던 연인도 돌아온다는
전설처럼
명농 왕이 설난을 찾아온다.
그간 잊고 지냈던 백제의 역사 속에
수백향 꽃잎과 향기가 천지를 덮는다.

정월 대보름

새해 처음 맞는 보름에
올해는
몇 가지 남지 않은 전통 놀이마저
코로나19로 취소되고
시끌벅적할 마을회관 앞 광장도
정적만 무겁게 내리덮었다

아이들이 보름 음식 먹고 돌아간 후
달님 만나러 갔다

밤 열시가 넘었는데
청명한 밤공기가 시원하다
감청색 하늘이 파랗게 물들이고
도도한 여인처럼
유난히 밝게 빛나는 둥근달 주변에
별도 단정하게 미소 짓고 있다

고개 들어 쳐다보니
바다 깊이 앉은 달
그 속에 내가 있다.

첫눈

밤새 몰래
백설이 2cm 높이 앉아
새침 떨고 있다

가까이 있는 진안은 19.2cm
한라산 진달래밭은 45cm라지만
이대로 좋다

매화는 속눈썹 화장하고 웃고 있는데
눈은 아니 오고
봄이 오면 어쩌나!
애를 태웠다

이제
눈이 많이 온다면
파묻혀 매화와 눈싸움해야지.

옥중화

만삭의 여인이 칼 맞은 채
전옥서로 숨어들어
딸을 낳자 사망한다

옥에서 태어난 옥녀는
천재적 재능과 가품으로
모두에게 기쁨을 주고 사랑을 받는다

오랜 세월 지하 감옥에 갇혀있던 체탐인
박태수를 우연히 만나
무예와 학문을 익히고
토정 이지함에게 천문 지리도 익힌다
미행 나온 이환을 어사로 알고
친근하게 지내게 된다

윤원형은 을사사화를 일으켜 주도권을 잡고
버림받은 서자 윤태원은 아버지 윤원형과
그의 첩 정난정을 향한 복수심을 불태우는데 옥녀는
윤원형 정난정 문정왕후와 악연으로 얽힌다

아들 인종을 독살하고
나인들과 종사관을 모두 살해한 문정왕후는

친아들을 명종으로 옹립하나
훗날 후사도 없이 일찍 세상을 뜬다

옹주로 등극한 옥녀는
궁궐에서의 편안한 삶을 뒤로하고

윤태원과 외지부 길을 걸으며
백성을 위한 삶을 살아간다
윤원형 정난정은 귀양지에서
비참한 최후를 마치니
새삼 권력의 무상함을 일깨운다.

안개

새벽
안개가 두터워
오늘이 보이지 않네

더 높이
더 멀리
비상(飛翔)하고 싶어라

밝고 빛나는 그곳으로….

봉선화

벗이 꽁꽁 싸준

쬐그만 꽃씨

서아랑 심으며 기쁨이어라

꽃 속의 너와 나

한마음 되어

우정의 씨방이 터지려 한다.

10월의 한파

64년 만의 한파가 주는 스트레스
갑옷을 걸치니
숨 막히고 답답하다

어제의 나비 옷이 그리워진다
상큼한 기쁨이었지

호박잎은 까맣게 드러눕고
모기각다귀도 제 갈 길 가고
거미줄엔 새카만 유령이 춤을 춘다

얼음이 얼어 멀리
하얀 산의 환상적인 눈꽃 아래
청둥오리 떼지어 유영한다.

다 알고 있다

이미 알고 있지요
시험하고 흔들고 있는 것
모른 체
참고 있을 뿐입니다

뒤에서
모함하고 해코지하는 거
그대 눈이 말하고 있어요

시침 떼며
건드리지 마세요
봉숭아 씨방처럼 폭발할 수도 있고
도꼬마리 열매 되어 붙을 줄도 안답니다

공(功)은 들인 데로 가고
착한 끝은 있지요
강아지도
저 좋아하는 사람 알고 있습니다.

우리

아직도
즐겁고 행복함은
그대 있기 때문입니다

그대의
따뜻함과 열정이
살맛 나게 하기 때문입니다

고지를
보고 있음에도 희망이
전해지기 때문입니다

우리
손잡고
파이팅! 입니다.

탈출하고 싶다

끈적이는 어둠으로부터
탈출하고 싶다

두려움이 겹겹 쌓이고
사방이 벽으로 막혀
지옥이라 느껴지면서
벗어나고 싶어진다

힘들고 괴롭기는 마찬가지니까
그곳이 연옥일지라도
한줄기 빛이라도 새어들 테니

희망이
싹틀 수 있을 테니
새로움으로의 도전이 절실해진다

밧줄을 당겨라
탈출 도전이다.

내 안의 성(城)

오십이 넘어 집을 짓게 되었다
꽃과 나무가 우거지자
풀벌레며 새들이 둥지를 틀었다

파랑새 찌르레기 제비도
단골이 되어 매년
새끼를 기르며 감동을 준다

채송화 모란 상사화 등
앞다투어 웃어주고
여름철엔 밤새워 풀벌레의 합창소리에
가슴이 저민다

들일하고 돌아올 땐
꼬리 흔드는 강아지 토끼 닭들의
환영 소리가 떠들썩하고
가을이면 나무들이 차려놓은 만찬에
많은 손님이 초대되어 즐긴다

텃밭의 불청객을 만져주며
주름진 아픈 손을 주물러 본다
내 안의 성에서 그냥 편안하다.

마스크 2

마스크 벗으니
낯선 얼굴이 있다

이상한 코
마음에 안 드는 입

주름도 많고
거친 피부
너는 누구니

가면 뒤 자신을
인정할 시간이 필요하다.

친구야

친구를
똑 닮은 아들이
훌륭한 의사 선생님이 되셨네

그처럼
공(功)을 쏟더니…
축하해요!

나비의 속내

흠뻑
비 온 땅에
빨대 꽂은 호랑나비

구경꾼도 무시하네.

우정
- 노근리에서

6월의 고통은
꽃향기로 날리고

아름다운 이곳에서
시방
우린 머물고 싶다.

4부
다시 시작하는 거다

다시 시작하는 거다

내가 싫어진다
스스로에게 질려서

일단 멈춤!
새로운 도약이 필요하다

쉬어가자
머릿속
마음속
다 비우고
백지가 되어

새로운 세상에
새로운 탄생
새로운 마음 되어
다시 시작하는 거다

제3의 공간에서
제3의 인생을
설계해 보자.

떫고 신맛이 개성

울타리 한켠에
아로니아 나무들
소독도 안 하고
새도 안 따 먹는다

아담한 크기
화분 재배도 가능하며
푹 익으면
떫은맛이 덜하다

9월이면
울타리 개방이다

왕실이나 귀족들이
자주 사용했던 약으로
안토시아닌, 이로운 성분이 많아
건강에 좋다

검은 몸속엔
붉은 열정이 숨어있다
떫고 신맛이 개성이다.

비가 내리다

비가 내린다
빗속을 나는 새들은
무슨 생각을 할까
먹이 사냥? 샤워! 빗속의 데이트?

해는 어디 숨어서 보고 있을까
빛을 어디에 쏟고 있을까

저렇게 내리는 비는
상처를 주지 않고
마음을 열고 맞이하는 이들을
어루만져 준다

감탄사는 제각각
숲이 내는 장중한 교향곡
여린 풀꽃과의 속삭임
아스팔트 위의 둔탁한 소리
물과의 천상 하모니
그 속으로 부푼 마음 안고 들어간다.

병(病) 없이 살 수 있는 세상은 언제 오려나

중병에 걸리자
가족들의 지극정성에
곧
나을 것 같은 생각이 든다

고통 위로 안도감이 날아오르며
돌아가신 부모님께 대한 죄책감에
가슴이 아파진다

상급 종합병원의 발 빠른 대처도
수많은 의료진의 일사불란(一絲不亂)한 움직임도
감동적이다

어마무시한 수술방 규모에 경악하며
가벼운 농담도 주고받았다
예상외로 긴 마취에서
깨어나며
이 모든 상황에 감사드린다
병 없이 살 수 있는 세상을
기대해 본다.

행복한 나들이

손 전화 닫고
커튼 치면
별도 달도 잠든
완전한 어둠의 세계
꿈나라로 들어선다

등 따습고 배부른 행복감에
마냥 편안하다

모든 기억을
긍정으로 돌리고
가슴 뛰는 환희와
감사의 물결로
풍선 되어 날아오른다

가고 싶은 곳도 가고
그리운 이들도
만날 수 있다
영혼의 행복한 나들이다.

철새는 날아오고

5월 초
제비 부부가
신혼집을 찾아왔다

20여 일 늦어서
코로나19를 의심했는데

파랑새도
참죽나무 꼭대기 옹이 집에
신혼살림을 차렸다

모란꽃이
작은 새 벌 나비 바람과
가슴 가득 반갑게 맞이하고
아카시아꽃이 향기를 한 아름 선사한다

진한 향을 간직한 쥐똥나무도 마중 나오고
드넓은 창공을 긴 날개 저으며
신록의 숲속 드나들면서
새끼 기르고
열심히 사는 모습이
사랑스럽다

〉
희망과 행복을 상징하는
파랑새 제비 가족
우리들의 인연도 영원하리.

스트레스

메스껍고 니글거린다
두통에 어지럼증까지
소화제도 써 보고
창문을 활짝 열고 밖으로 나가
하늘 보고 걷는다

서운함 배신감의 찌꺼기들이 떠다닌다
피해 갈까
돌아갈까
닫아버릴까
부숴버릴까

모두 내 탓이려니
두 팔을 벌려
햇님을 껴안자.

제비는 떠나가고

새끼들이
날갯짓할 무렵
삼십 년 된
처마 끝 보금자리가 무너졌다

보수해 줘야 하나
내년에 와서
다시 지으려나
물어보고 싶다.

두려움

갑자기 가슴이 두근거리고
불안이 엄습해온다
TV는 순간 멈춤 상태고
밖은 캄캄하며
종일 추적거리는 빗속에
모든 것이 적막하다

옆에서 바스락 땅콩 까먹는 소리가
유일한 위안이고 희망이다
언젠가 혼자라면
못 견딜 것 같은
두려움에 가슴이 미어진다

시방
환자인 상황에
곁에 멀쩡한 보호자 두고
지나친 걱정이지만
절해고도(絶海孤島)에 고립된 듯한
절망감을 어이 잠재울 수 있을까

절대 안정이
필요하다.

병아리

아름답고 희귀한 관상 닭은
귀한 대접을 받지만
보통 산란 닭은 좁은 공간에서
거의 매일 알을 낳으니 대단하다
그러고도 병아리 한번 품어보지 못하니
조금은 안타깝다

농가에서 기르는 닭은
수탉이 지켜주고
운동 목욕 치장도 하고
각종 먹거리를 먹으니
소규모지만 자유로워서
병아리를 품고 기르기도 한다

전엔 암탉이
병아리를 데리고 다니면서 키우고
홰에 올라가 알도 낳았는데
세상이 참 빨리 변한다.

닮아간다

부부가 오랜 세월 견디며
참고 살다 보면 같은 사람이 된다
눈빛 걸음걸이 얼굴까지도 닮아간다
맞장구치기, 편들어주기 하면서
서로 위안이 되고 편안해진다

'그 나물에 그 밥' '한 물에 든 고기' '초록은 동색'
'가재는 게 편' '팔은 안으로 굽는다' 등
좋은 말이 생각난다

가족도 한 사람이 되어
거울을 보면
모두 하나 되어 그 속에 있다

작은 공동체가 건강하게 굴러가면
나라도 세계도 밝아질 테니
한 가족의 따뜻함
부부의 화목이 소중하다.

키다리 고드름

땅바닥을 찌르려 하네
친구들은 자금자금한데
물받이 덕을 톡톡히 보았구나

지붕 위엔
눈이 수북이 쌓였고
영하 13도 이하의 설국에서
활짝 웃는 양지쪽에
쭉쭉 뻗는 고드름

찰칵
줄자 가지고 나가니

아차,
눈부신 햇님이 쑥스럽게 웃는다
러시아에선 고드름 때문에 다치거나
사망 사고가 잇따르고 있지만
옛날엔
따 먹고, 손 씻고 즐거웠다.

산수(傘壽)

설국에 눈 내리고
고드름 캐럴송까지 어우러져
축복받은 날
2023년 12월 24일
팔십이 되는 생일이다

가족들과 산장에서
밤새우며 추억을 쌓았다

팔십 고개 넘느라 일 년 동안
병원을 들락거렸지만
가족 있어 위안이 되고 힘을 얻었다

명년부터는
아프지 말고
하고 싶은 일 조금씩이라도 하며
즐겁게 살았으면 좋겠다.

병원에서 만난 사람들

병원 한번 안 가고
장수하는 사람도 많은데
병이 자주 놀러 온다

초등학교도 못 갈 뻔하고
젊은 날도 이지러져 살았고
몸과 마음이 10% 부족하다

우연히
병원에서 만난 동창 친구들이
기쁨과 희망을 주었고
처음 만난 인연들도
절친한 카톡 친구가 되었다

강인함을 물려주신
조상님께 감사하며
선산을 지키는
등 굽은 소나무는 될 수 있으려나.

갑진년(甲辰年) 새해 소망

가족의 화평과 건강을 소망하며
한마음으로 도약할 수 있는
나라의 안정을 기원한다

몸과 마음이 보내는 신호를
곧바로 아는 지혜와
가족과 다른 사람들에게
용기와 희망을 줄 수 있는
배려가
뿌리 깊이 내렸으면 좋겠다

기쁨과 감사로 충만한
청룡의 해가 되기를
소망한다.

복(福)

청룡의 해 맞이하여
가장 먼저 복을 빌어준 보배야

벅찬 감동
평생 가겠다.

소중한 재산

아플 때
소중한 보석이 빛이 나면
통증이 가시고

두려울 때
사랑하는 보물이 뜨거워지면
희망이 생기며

가려울 때
따뜻한 손길이 만져주면
상쾌해져

힘들 때
그리운 이 손짓해 주면
큰 힘이 됩니다

모두가
재산이 되어
기쁨이 쌓입니다.

시작

뚜뚜 톡
아침 편지 왔어요
다섯 시예요

카톡
안녕히 주무셨어요?
친구 왔어요

햇님도
새들도
다들 왔답니다

모두의 재탄생
처음 맞는 오늘의
힘찬 시작이다.

까치가 와서 울면

아침에 까치가 와서
한참을 울었다

달걀을
어제보다 더 많이 낳았고

뜻밖의
서적이 배달되었으며

지인이 먹거리를
택배로 보내왔다
소소한 일들이
기쁘게 한다

까치야!
내일도 와서 울어줄래.

꼬챙이

몸과 마음이
허허로울 때
무엇엔가 기대고 싶어진다

그럴 때
꼬챙이라도 잡으면
위안이 된다

바쁘고 힘든 자식
생각하며
즐거워진다.

스킨답서스

삼십 년이 넘도록
그 화분
그 흙
그 자리

목이 말라 아우성칠 때
물 한 모금 주면
금방
반짝 웃는 너

공기 정화
일산화탄소 제거도 하니
주방 쪽 거실 벽에
편안하고 사랑스럽다

가족이 되었다.

_ 작품 해설

기다림과 추억, 그리움의 시학
- 박화자 2시집 『저녁노을이 아름답다』를 읽고

문학평론가 리 헌 석
사단법인 문학사랑협의회

1.
> 거울 속에 오라버님이 웃고 계신다
> 그런 오라버니 기억만으로도
> 나는 평생 행복하다.
> 　　　　　－「나의 오라버니」일부

　박화자 시인은 산수(傘壽, 80세)에도 손녀와 마주 앉아 독서 삼매경에 빠지는 분입니다. 고등학생인 손녀와는 60년 차이, 세상에서 말하는 '갑년 띠동갑'인데도 마주 앉아 독서를 하며 행복을 가꾸는 분입니다. 액자 속일까, 거울의 틀에 끼어 있었을까, 책을 읽다가 오라버니 사진을 보게 됩니다. 가슴에만 간직하였던 오라버니를 추억하면서 평생 행복하다고 술회합니다. 우연일까, 필연일까, 시인과 오빠도 12살 차이, 띠동갑입니다.
　시인은 어릴 때 이유를 모르는 병(病) 때문에 학교에도 다니지 못하고, 늘 6.25 때 타버린 보리쌀 알갱이를 고르는 일을 했던가 봅니다. 서울에서 대학을 다니던 오빠가 천막에서 공부하는 아이들 속에 넣어주어 학교에 다니게 됩니다. 중학교 졸업반이 되었을 때도 오빠가 상급학교에 원서를 넣어주어 청주사범학교에 입학합니다. 졸업 후, 평생 교육자로 봉직한 바 있습니다. 네 명의 동생들 모두에게 꿈을 주신 오빠를 생각하며 고마운 마음으로 평생을 살아갑니다.

이와 같은 마음이기 때문에 긍정(肯定)과 달관(達觀)의 경지에 이르고, 그로 말미암아 평생을 편안하고 아름답게 살아내었을 터입니다.

주식투자 가상화폐 100억 벌기
몰라도 괜찮다
돈 벌려고 신경 안 써도 되니

없으면 없는 대로
적으면 적은 대로 견디고
들일도 할 수 있는 만큼만 하니
편안한 일상이다

자식 걱정 접어두니 홀가분하고
남녀 벗하니 즐겁다
팔십이면 완전히 노인인 줄 알았는데
여기저기 칠팔십 대가 중심에 있다

직장 생활하던 젊은 날도
활기차고 좋았지만, 모두

벗어버린 지금, 이 시간도 좋다.
　　　　　　　　　- 「저녁노을이 아름답다」 전문

　그의 80세는 2023년이었던가 봅니다. 〈설국에 눈 내리고/ 고드름 캐럴송까지 어우러져/ 축복받은 날/ 2023년 12월 24일/ 팔십이 되는 생일〉이라고 작품 「산수(傘壽)」에 적시하고 있습니다. 시집의 제목으로 선택한 「저녁노을이 아름답다」는 연령 80에 이르러 쓴 작품으로 보입니다. 안분지족(安分知足)의 주제를 '기승전결' 4단 구성으로 완성한 4행시입니다.
　기(起)에 해당하는 1연은 세상 사람들이 추구하는 한탕주의가 시인에게는 무관하여 행복하다는 노래입니다. 이를 세밀하게 예증한 부분이 승(承)에 해당하는 2연입니다. 〈없으면 없는 대로/ 적으면 적은 대로〉 견디면서 들에 나가서 일을 할 수 있는 만큼만 해도 되니 '편안한 일상'이라는 자족(自足)의 시상(詩想)을 펼칩니다. 전(轉)에 해당하는 3연에서 그는 80대가 되면 완전히 노인인 줄 알았는데, 자식 걱정 없이 홀가분한 세대여서 '삶의 즐거움'을 구가하는 경지에 이릅니다. 이러한 생각은 결(結)에 해당하는 4연에서 세속의 욕심을 〈모두/ 벗어버린 지금, 이 시간도 좋다.〉고 긍정합니다.
　삶의 여러 지경에서 이와 같이 긍정적 내면을 견지하며 사는 일은 쉽지 않습니다. 물론 부모님의 사랑이나, 오라버니의 인도와 사랑이 크게 영향을 끼쳤을 터입니다. 그렇지만, 조손(祖孫)이 같이 독서하며 생활할 수 있는 근원은 시인 자신의 내면일 터입니다. 이런 깨달음을 주는 작품이어서, 다시 읽어도 감동은 여전합니다.

2.
> 시침 떼며
>
> 건드리지 마세요
>
> 봉숭아 씨방처럼 폭발할 수도 있고
>
> 도꼬마리 열매 되어 붙을 줄도 안답니다
>
> ―「다 알고 있다」 일부

박화자 시인의 문학적(文學的) 품격을 확인할 수 있는 작품입니다. 세상을 살다 보면 예수님도 눈을 돌리고, 부처님도 돌아앉을 정도로 무도한 사람들의 행태를 만납니다. 그럴 때 '악' 소리를 지르거나 '머리끄덩이'를 붙잡고 같이 흔들 수도 있겠지만, 점잖게 한마디 하는 것으로 마무리하는 자세가 놀랍습니다.

시인 자신이 무도한 짓거리를 하지 않는 것이지, 못해서 하지 않는 게 아니라는 뜻이 오롯합니다. 손가락으로 살짝 누르면 '톡' 하고 터지는 봉숭아 씨방처럼 자신도 화를 낼 수 있지만, 그렇게 하지 않는다는 표현으로 자신의 인내심을 형상화합니다. 도꼬마리 열매(씨)가 옷에 달라붙으면 잘 떨어지지 않습니다. 한번 싸우기 시작하면 도꼬마리처럼 질기게 덤빌 수도 있으니, 공연히 건들지 말라는 말을 넌지시 건네는 품격이 새롭습니다.

봉숭아꽃의 씨방이 덜 여물었을 때에는 손가락으로 눌러야 터지지만, 누렇게 익어갈 때는 슬며시 손을 대어도 톡 터져서 작은 씨앗들이 퍼져 나갑니다. 자연 속에서는 손을 대지 않아도 스스로 터져서 씨를 멀리 보냅니다. 도꼬마리는 국화과에 속하는 풀인데, 여름에서 가을로 넘어가는 계절에 타원형의 열매를 맺습니다. 1~2cm 크기의 둥글고 길쭉한 열매의 표면 전체에 아주 작은 갈고리 같은 돌기가 있어, 지나다가 옷에 달라붙으면 잘 떨어지지 않습니다. 그래서 하나씩 하나씩 떼어내야 합니다. 이처럼 농촌 생활에서 만나는 소재들로 사람의 성품을 비유한 것은 권장할 시작(詩作) 태도라 하겠습니다.

여우가 호랑이에게 시집가는 날
여우를 짝사랑하던 구름이
흘린 눈물,
눈물이 비가 되어 내렸다지

행복을 빌자 다시
화창해졌다는 설화가 있었다지

오늘도 여우가 시집가나 보다
추적대다 잊으려면
사르락 끊어질 듯 내리는 비
트위스트 추며 내리는 눈

숨바꼭질하듯
해가 깜짝 놀라고
청기 홍기 백기 흑기 온갖 기(旗)가 모두
서쪽으로 사정없이 휘날리더니

이쪽저쪽에서 감청색 연회색 빛깔이
무대 조명처럼 이리저리
마음을 쥐고 흔든다.

〉
이럴 때 옛 어르신들은
'여우가 시집가나 보다' 하셨다지
모시고 있는 하느님의 장난끼를 보며
갑자기, 그 말씀이 그립다
　　－「여우 시집가는 날」 전문

　햇빛이 비치는 맑은 날인데도 빗방울이 떨어지는 것을 '여우비'라고 합니다. 설화(說話)에서는 '호랑이 장가가는 날'에 내리는 비라고도 하고, 여우가 시집가는 날에 내리는 비라고도 합니다. 호랑이와 여우가 결혼을 하는 날, 여우를 짝사랑하던 구름이 눈물을 흘려 내리는 비라고도 합니다. 민담을 지어내는 사람들이 동물 중에서 호랑이와 여우가 결혼하는 것으로 설정하고 꾸며낸 이야기입니다. 여우 혹은 구미호의 변화무쌍(變化無雙)한 행태를 활용하여 '비'의 이름을 지은 것은 해학적이기도 합니다.
　이 작품 전체적으로는 민담 수준이어서 덧설명은 필요 없을 터입니다. 그렇지만 〈추적대다 잊으려면/ 사르락 끊어질 듯 내리는 비/ 트위스트 추며 내리는 눈〉 등으로 변화하는 양상을 살려낸 것은 박화자 시인만의 개성적 '달란트'일 터입니다.

3.
소리치며 세차게 떨어지는 비는
팅기며 방울이 되어
동동 떠내려가 흙탕물로 모여
피난민처럼 아우성이다

- 「봄비 2」 일부

  봄비의 속성을 시인은 <가늘게/ 지질거리며/ 소리 없이/ 가만히 내려앉는다/ 아무도 몰래 살금살금/ 뒤꿈치 들고 다가오나?>(「봄비 1」)라며 살얼음도, 음지의 언 땅도 쓰다듬고, 발가벗은 몸들도 녹여준다고 밝힙니다.

  그러나 빗소리가 갑자기 거칠어지면, 앞에서 인용한 것과 같은 현상이 일어납니다. 간략하게 정리되어 있어 인용한 부분이 쉽게 혹은 아주 당연한 묘사로 보이지만, 치밀한 관찰의 결과로 형상화된 작품입니다. 하늘에서 세차게 떨어지는 비는 땅에 부딪거나 물에 떨어질 때 튕기며 '방울'이 형성됩니다. 이 물방울은 잠시 동동 떠내려가다가 흙탕물과 합수되게 마련이고, 그 모습에 '피난민'의 '떠도는 이미지'가 오버랩 되어, 시인은 고단한 삶에서 터져 나오는 '아우성'까지 찾아내어 작품에 담습니다.

  이러한 형상화는 <작은 새들은 향나무 밑에 모여서 떠들어 대고/ 비둘기는 밭고랑에서 날개를 들고 샤워 중이다/ 3.1절 태극기가 젖은 채 소리친다> 등에서 비유와 묘사의 성공적인 사례를 만날 수 있습니다.

    하굣길은
    하얗고 긴 뚝방 길

    정오(正午) 불화살이 내리쏟는다
    불가마 속을 걸어간다
    집으로 간다

〉
갑자기 밤중인가 싶더니
쏴아
물벼락
물에 빠진 새앙쥐로
책가방을 끌어안고 빗속을 걷는다

개울가엔 머슴애들이
발가벗은 채로 달리기를 한다

50년대 뒤돌아본 추억 속에
소나기는 사나웠다.
― 「소나기」 전문

 50년대에 초등학교에 다녔을 시인의 기억 속에서 소재를 찾은 작품입니다. 신시대 성인들은 이해가 잘 안 되겠지만, 어르신들에게는 수없이 경험하였을 상황이어서 덧설명이 필요하지 않을 터입니다. 학교 공부를 마치고 집으로 오는 길, 현대 도시의 초등학교와는 달리, 50년대의 시골 초등학교는 〈하얗고 긴 뚝방 길〉을 지나 다시 시골길을 더 걷는 것이 몇몇 km가 되어, 저학년에게는 참으로 멀고 지루한 노정(路程)이었을 터입니다.
 학교에서 나설 때에는 〈정오의 불화살〉이 쏟아져서 〈불가마〉 속으로 걸어가는 느낌이었을 터입니다. 그런데 갑자기 먹구름이 끼더니 물벼락을 안깁니다. 그리하여 〈물에 빠진 생쥐〉 모습으로 책가방을 끌어안고 빗속을 걷거나 뛰었을 터입니다. 그때의 추억이 시로 창작되어, 독자들과 시적 정서를 공유합니다.

4.
> 할머니
> 무릎 아파 평생을 뒷방에 계셨지요
> 그 나이 되어보니 가슴이 저려옵니다
> ― 「별에 계신 할머니께 드리는 편지」 일부

산수에 이른 시인에게 할머니로 불리는 분이 살아 계시다면 120세, 혹은 130세쯤일 것 같습니다. 시인은 어렸을 때를 회상하며, 그 할머니께 편지를 씁니다. 손녀가 보기에 그 할머니는 무릎이 아파 평생 뒷방에 계신 분입니다. 그리하여 시인은 할머니께 자신도 무릎 수술, 암 수술, 여러 번 끼워 넣고 떼어내고 하면서도 잘 지내고 있다고 전해 드립니다.

그 할머니는 아주 오래전에 별세하셔서 지금은 하늘의 별에 사시는 분입니다. 그리움의 대상은 할머니처럼 별에 사는 분일 수도 있고, 사랑하고 그리워하는 대상이 별 자체로 인식될 수도 있습니다. 다음 작품은 후자(後者)에 속합니다.

> 수많은 별 중
> 내가 좋아하는 별 하나 있다
>
> 그냥 거기 있어서
> 항상 그곳에서 빛나서
> 가슴 벅차다
>
> 언젠가
> 그가 던진 작은 가시에

오랫동안 아팠다

기다림도 배웠다
오래잖아
가시를 빼고 어루만져 주었을 때
그 별은 더욱 빛났다

그로 인해
항상 외롭지 않고
가끔 보여주는 미소
그 별 하나
내 가슴에 반짝인다.
- 「가시 던진 별」 전문

  수많은 별 중에서 시인이 좋아하는 별 하나가 있습니다. 그 별이 변함없이 한곳에서 빛나 시인의 가슴은 벅차오릅니다. 그런데 그 별이 시인에게 가시 하나를 던집니다. 가시에 찔린 시인은 그 아픔을 견디느라 오랜 세월을 보냅니다. 그러다가 가시를 빼고 어루만져 주었을 때 그 별은 더욱 빛이 납니다. 그리하여 시인은 고통스럽거나 외롭지 않았고, 가끔 볼 수 있는 그 별 하나에 시인의 가슴 역시 반짝일 수 있습니다.
  이렇게 정리하면서 보조관념인 '별'의 원관념이 궁금해집니다. 그리움이라는 정서의 근원에 접근하기 위하여, 시집 속의 작품을 여러 번 읽어도 명확한 실체에 이르지 못했습니다. 할머니, 아버지, 어머니 또는 가슴 아픈 손가락(자녀)이거나, 묻어두고 싶은 사람일 터이지만, 궁금증은 그냥 남기는 것이 독자의 예의

라 믿었습니다. 그러하매, 특정 독자께서 독서하신 후 그 원관념을 찾으셨다면, 필자를 비롯하여 많은 독자와 공유하시기를 청합니다. 박화자 시인의 다음 시집 발간을 기다리면서.

저녁노을이 아름답다
박화자 제2시집

발 행 일 | 2024년 1월 20일
지 은 이 | 박화자
발 행 인 | 李憲錫
발 행 처 | 오늘의문학사
출판등록 | 제55호(1993년 6월 23일)
주　　소 | 대전광역시 동구 대전로 867번길 52(삼성동 한밭오피스텔 401호)
전화번호 | (042)624-2980
팩시밀리 | (042)628-2983
카　　페 | http://cafe.daum.net/gljang(문학사랑 글짱들)
　　　　　http://cafe.daum.net/art-i-ma(월간 충청예술문화)
전자우편 | hs2980@daum.net
계좌번호 | 농협 405-02-100848(이헌석 오늘의문학사)

공 급 처 | 한국출판협동조합
주문전화 | (02)716-5616
팩시밀리 | (02)716-2999

ISBN 979-11-6493-308-2
값 10,000원

ⓒ박화자 2024

* 본 도서는 한국예술인복지재단 지원 사업으로 제작되었습니다.
* 이 책의 판권은 저작권자와 오늘의문학사에 있습니다.
* 잘못 만들어진 책은 구입하신 서점에서 교환해 드립니다.